Buchführung & Bilanzierung

Soll und Haben leicht gemacht

Die wichtigsten Grundlagen für den Laien verständlich erklärt

Klaus Frerix

IMPRESSUM

Buchführung & Bilanzierung

Soll und Haben leicht gemacht

Die wichtigsten Grundlagen für den Laien verständlich erklärt

von Klaus Frerix

ISBN-13: 978-1481133364

ISBN-10: 1481133365

Verlag: JoelNoah S.A.

Kontakt: info@joelnoah.com

Autor: Klaus Frerix

Zur freundlichen Beachtung

Die in diesem Buch veröffentlichten Inhalte und Ratschläge wurden vom Verfasser sorgfältig und nach bestem Wissen und Gewissen erarbeitet. Eine Haftung des Verfassers oder des Verlages für Personen-, Sach- und Vermögensschäden ist dennoch ausgeschlossen.

Der Autor distanziert sich ausdrücklich von Textpassagen, die im Sinne des § 111 StGB interpretiert werden könnten. Die entsprechenden Informationen dienen dem Schutz des Lesers. Ein Aufruf zu unerlaubten Handlungen ist nicht beabsichtigt.

Sämtliche Angaben, Empfehlungen, Quellen, Referenzen und Anschriften wurden sorgfältig recherchiert. Im Laufe der Zeit können sich jedoch unerwartete Änderungen ergeben, so dass keinerlei Haftung oder Gewähr übernommen werden kann.

Inhalt:

Einführung

Wenn es etwas gibt, das Unternehmer und Unternehmerinnen ein mulmiges Gefühl bereitet, dann ist es das Thema Buchführung. Wer kann, wälzt die Buchführung auf jemand anderen ab oder gibt sie schlicht an Fachpersonal weiter.

Was aber, wenn man Buchführung selbstständig erledigen muss? Wie findet man heraus, was wichtige Bestandteile und Voraussetzungen der Buchführung sind? Worüber muss wie buchgeführt werden? Welche Standards existieren?

Dieses Buch soll Ihnen einen ersten Einstieg in dieses sehr komplexe Thema bieten. Die wichtigsten Grundbegriffe der Buchführung sollen ebenso erklärt werden, wie Pflichten und Gesetze im Zusammenhang mit ordnungsgemäßer Buchführung gemäß des Handelsgesetzbuches und der Steuergesetzgebung.

Wer glaubt, Buchführung sei lediglich eine unnötige Last, der irrt: Durch korrekte Buchführung haben Unternehmer und Unternehmerinnen einen ständigen, exakten Überblick über Geschäftserfolg, Liquidität und Verbindlichkeiten. Eine ordnungsgemäße Buchführung liegt also zuallererst im Interesse der Unternehmensführung - egal wie groß oder klein das Unternehmen ist.

Lassen Sie sich von komplizierten Fachtermini und Zahlenwerken nicht einschüchtern! Dieser Ratgeber wird Ihnen helfen, ein wenig Licht ins Dunkel zu bringen. Zunächst sollen die Begriffe Rechnungswesen und

Kostenrechnung differenziert werden. Denn diese bilden die Grundlage für jegliche Form der Buchführung.

Rechnungswesen und Kostenrechnung - Gliederung und Grundlagen

Rechnungswesen

Das allgemeine Rechnungswesen befasst sich mit Außenbeziehungen des Unternehmens. Es entspricht der Finanz- und Geschäftsbuchhaltung mit Jahresabschluss. Diese umfasst alle Transaktionen mit finanziellem Charakter. Es unterliegt sehr strengen Vorschriften. Hierzu später mehr.

Das allgemeine Rechnungswesen dient der Aufzeichnung aller maßgeblichen Geschäftsvorfälle eines Jahres. Es soll Auskünfte über Warenbestände, Umsätze, Verbindlichkeiten, Außenstände, Erträge und Beziehungen zu anderen Unternehmen geben. Es erlaubt ferner die Ermittlung von Kennzahlen, zum Beispiel im Bezug auf Rentabilität, Investitionsrendite, Produktivität und Liquidität.

Diese Kennzahlen sind jedoch stets vergangenheitsbezogen, da sie sich auf die zurückliegenden Geschäftsjahre beziehen. Deswegen lassen sie nur im Vergleich zu anderen Kennzahlen aus den weiter zurückliegenden Geschäftsjahren Rückschlüsse auf die innerbetriebliche Entwicklung zu.

Das allgemeine Rechnungswesen ist für alle Unternehmen, die der Buchführungspflicht unterliegen, Besteuerungsgrundlage. Die vollständige Aufzeichnung aller Geschäftsvorfälle soll zudem auch dem Gläubigerschutz dienen.

Kostenrechnung

Die Kostenrechnung bezieht sich auf die Wiedergabe innerbetrieblicher Vorgänge im Hinblick auf den betrieblichen Kombinationsprozess. Konkret wird also darüber Auskunft gegeben, welche betriebliche Leistung durch die Faktoren Werkstoffe, Betriebsmittel, Personal usw. erbracht wurden.

Anhand der Kostenrechnung lässt sich jederzeit feststellen, an welcher Stelle des Betriebes oder des Betriebsablaufes ein Wertverzehr stattfindet bzw. neue Werte geschaffen werden. Es erfüllt damit Aufgaben im Hinblick auf Planung und Steuerung sowie der Dokumentation innerbetrieblicher Vorgänge.

Zudem ermöglicht es die Wirtschaftlichkeitskontrolle: Die Wirtschaftlichkeitskontrolle erfolgt durch einen Vergleich von Soll und Ist-Zustand mittels Zeit- und Betriebsvergleiches.

Beim Zeitvergleich werden Erträge eines Unternehmens in aufeinanderfolgenden Perioden verglichen. Beim Betriebsvergleich werden die Daten des eigenen Betriebes mit denen ähnlicher Betriebe verglichen. Der Soll-Ist-Vergleich stellt geplante Kosten und tatsächliche Kosten gegenüber.

Hauptsächlich soll die Kostenrechnung die Zuordnung genauer Kosten zu der Produktion bestimmter Leistungseinheiten, auch Kostenträger genannt, ermöglichen. Jeder Kostenträger erhält durch die Zurechnung der von ihm verursachten Kosten (Anteil an Fixkosten und direkte Kosten) exakt zugeordnete Selbstkosten. Die Analyse der Selbstkosten einer Leistung hilft bei der Preisfestsetzung - und gibt letztlich eine Preisuntergrenze im Verkauf an.

Die Kostenrechnung dient zudem der kurzfristigen Ermittlung des Geschäftserfolges (während die Bilanz langfristige Erfolge oder Misserfolge ausweist). Sie erlaubt Entscheidungen hinsichtlich verschiedenster Daten. Sie kann zum Beispiel Aufschluss darüber geben, ob die Produktion eines Gutes günstiger ist als der Ankauf desselben Gutes von einem Zulieferer. Sie erlaubt Rückschlüsse auf die Wirtschaftlichkeit der Produktionsverfahren und hilft, die optimale Bestellmenge zu berücksichtigen. Preise können mithilfe der Kostenrechnung optimal ermittelt werden, gleiches gilt für die Ermittlung angemessener Löhne.

Buchführungspflicht

Das Rechnungswesen ist nicht allein für das eigene Unternehmen interessant und wichtig. Informationen, die aus dem Rechnungswesen basieren, sind ebenso für Anteilseigner, Aufsichtsorgane, Vertragspartner, Gerichte, Verbände, staatliche Behörden und Konkurrenten von Bedeutung.

Aus diesem Grund ist es dem Unternehmer eben nicht freigestellt, ob er buchführen möchte oder nicht. Die Verpflichtung zur Erstellung eines Rechnungswesens ergibt sich aus zahlreichen gesetzlichen Regelungen, diese sind zum einen handelsrechtliche wie auch steuerrechtliche Vorschriften.

Der Finanz- und Geschäftsbuchhaltung als Ausgangspunkt für das Rechnungswesen gilt ein besonderes Augenmerk des Gesetzgebers. In diesem Zusammenhang existieren zahlreiche rechtliche Vorschriften, die unbedingt eingehalten werden müssen.

Ein kaufmännisch eingerichteter Geschäftsbetrieb, der also selbstständig, nachhaltig und mit Absicht, Gewinn zu erzielen, geführt wird, ist zur Buchführung verpflichtet.

Wichtige Anforderung an die Buchführung ist, dass sie seinem Dritten - soweit fachkundig - innerhalb von kurzer Zeit Einblick in alle relevanten Geschäftsabläufe und Daten liefern können muss. Sie muss daher übersichtlich, vollständig und gemäß den gängigen Regeln gestaltet sein.

Die steuerrechtliche Buchführungspflicht ergibt sich aus der Notwendigkeit für das Finanzamt, Gewinn und Umsätze zu ermitteln, um auf dieser Basis die Höhe der fälligen Umsatzsteuer ermitteln zu können.

Aufbewahrungsfristen

Sämtliche Buchführungsbelege, Handelsbücher, Inventare, Jahresabschlüsse, Eröffnungsbilanzen sowie Lageberichte müssen zehn Jahre lang aufbewahrt werden.

Für Handel-und Geschäftsbriefe und Unterlagen, die im Hinblick auf die Besteuerung von Belang sind, gilt eine Aufbewahrungsfrist von sechs Jahren.

Wobei die Aufbewahrungsfrist mit dem Schluss des Kalenderjahres, in dem das Buch geführt wurde, beginnt. Übrigens: Auch wenn von Buchführung die Rede ist, ist natürlich die elektronische Datenverarbeitung für Unternehmen zum Standard geworden.

Verstöße gegen die Buchführungspflicht können zu handelsrechtlichen sowie strafrechtlichen Konsequenzen führen. Daher sind die Bestimmungen sorgfältig einzuhalten: zur eigenen Sicherheit - um alle Nachweise im Falle von Rechtsstreitigkeiten vorweisen zu können; aber auch, um sich vor Steuerschätzungen des Finanzamtes und Mahnbescheiden schützen zu können.

Inventar und Bilanz bilden die wesentlichen Voraussetzungen für eine ordnungsgemäße Buchführung. Daher sollen Sie im Folgenden erläutert werden.

Bilanz und Inventar: Voraussetzung für die Buchführung

Inventur

Die Inventur ist die mengen- und wertmäßige Bestandsaufnahme eines Unternehmens. Sie bezieht sich auf einen bestimmten Zeitpunkt. Die Inventur ist Voraussetzung für das Inventar. Unter Inventur kann man eine „körperliche" Bestandsaufnahme verstehen; sie erfolgt durch zählen, messen und wiegen.

Es gibt verschiedene Formen der Inventur: Die Inventur kann am Bilanzstichtag durchgeführt werden. Wobei eine Inventur an einem Tag meist nicht zu schaffen ist; daher erlaubt der Gesetzgeber einen Spielraum von 10 Tagen vor und nach dem Bilanzstichtag.

Daneben gibt es die Möglichkeit der verlegten Inventur. Die verlegte Inventur findet nicht am Bilanzstichtag statt und bringt den Vorteil, dass die ohnehin umfangreiche Arbeit an der Bilanz von der Inventur entkoppelt werden kann. Die Inventur darf bis zu drei Monate vor bzw. zwei Monate nach dem Bilanzierungsstichtag erfolgen. Der Termin der Feststellung des Inventars muss dann jedoch ausdrücklich ausgewiesen werden, da er ja vom Bilanzierungsdatum abweicht.

Auch die Form der permanenten Inventur ist möglich. Hierbei darf zu einem beliebigen Zeitpunkt eine Erfassung und Inventur vorgenommen werden, die dann bis zum Stichtag weitergeführt wird. Ab und Zunahmen von Beständen werden permanent fortgeschrieben.

Auch eine Stichprobeninventur ist möglich: Dabei wird von einer genommenen Stichprobe auf die Warengesamtmenge zurückgeschlossen. Dies bietet sich bei allen Waren und Arbeitsmitteln an, die nur sehr schwer im Einzelnen zählbar sind.

Die Grundsätze einer Inventur sind in jedem Fall Vollständigkeit, Wirtschaftlichkeit und Nachprüfbarkeit. Alle Bestände müssen vollständig erfasst werden. Gleichzeitig muss hier auf Wirtschaftlichkeit geachtet werden: Natürlich kann nicht jede Schraube gezählt werden. Und das würde auch niemand verlangen. Trotzdem ist Sorgfalt oberste Pflicht: Eine genaue Bezeichnung von Gegenständen und die exakte Identifizierung machen Angaben auch für Außenstehende nachvollziehbar.

Von der Inventur zum Inventar

Als Ergebnis der Inventur entsteht das Inventar, also ein Verzeichnis, in dem sämtliche Vermögensgegenstände des Unternehmens zu verzeichnen sind. Zudem gibt das Inventar Auskunft über Gegenstände, die mit Schulden belastet sind. Als Vermögensgegenstände sind solche Gegenstände zu werten, die sich im vollen Besitz des Kaufmannes befinden.

Die Gliederung des Inventars orientiert sich an der Bilanzgliederung, da das Inventar ja die Vorrausetzung für die Bilanz darstellt. Zunächst erfolgt daher die Auflistung aller Vermögenswerte nach steigender Liquidität. Untergliedert wird das Vermögen in das Anlagevermögen, welches die für den dauerhaften

Geschäftsbetrieb notwendigen Vermögensgegenstände (Grundstück, Werkstatt, etc.) bezeichnet. Desweiteren gibt es das Umlaufvermögen. Dieses umfasst solche Vermögenswerte, die ständigen Änderungen je nach Umsatzvorgängen unterliegen. Typische Beispiele hierfür sind Kassenbestände und Bankguthaben.

Die Gliederung der Schulden erfolgt nach der Fälligkeit. Zunächst werden langfristige Verbindlichkeiten gelistet, danach folgen die kurzfristigen Verbindlichkeiten.

Die Bilanz wird dann vom Inventar abgeleitet. Lediglich Form und Aufbau unterscheiden sich, während der Inhalt identisch ist. Innerhalb der Bilanz verzichtet man auf die detaillierte Angabe von Einzelpositionen; man fasst Positionen zusammen und Bestände werden nicht zahlenmäßig, sondern lediglich wertmäßig verzeichnet.

Innerhalb des Inventars werden Vermögen und Schulden untereinander gelistet dargestellt; die Bilanz stellt Schulden und Vermögen in Form von „Konten" gegenüber.

Bilanz und Konten

Unter Bilanz kann man also eine (im Vergleich zum Inventar) knapp gefasste Gegenüberstellung von Vermögen und Schulden verstehen. Sie wird zu einem bestimmten Zeitpunkt erstellt und dient dem Zweck, extern und intern Informationen über das Unternehmen und dessen Entwicklungen bereit zu stellen.

Auflösung der Bilanz in Konten

Wie bereits erwähnt ist die in Deutschland übliche Darstellungsform die Kontenform (im Ausland ist auch eine Staffelform möglich). Die Bilanz gliedert sich in zwei Seiten, deren linke Seite als Aktivseite und deren rechte Seite als Passivseite bezeichnet wird.

Die Aktivseite stellt die Vermögensseite dar, während die Passivseite die Kapitalseite darstellt. Die Gliederung der Passivseite erfolgt nach der Fälligkeit der Schulden während die Gliederung der Aktivseite nach steigender Liquidität gegliedert ist.

Man erhält auf der linken Seite (Aktiva) also einen Überblick über die Zusammensetzung des Vermögens, während die rechte Seite die Vermögensquellen ausweist. Die Aktivseite kann Auskunft darüber geben, wie Mittel verwendet werden, wogegen die rechte Seite die Herkunft der Mittel aufschlüsselt (Fremd- oder Eigenkapital).

Zu beachten ist, dass die Summen von Aktiv- und Passivseite identisch sein müssen. So sieht eine Liste der Bilanzgleichungen wie folgt aus: Die Aktiva entsprechen den Passiva, das Vermögen entspricht dem Kapital, das Eigenkapital entspricht dem Vermögen abzüglich des Fremdkapitals und umgekehrt das Fremdkapital entspricht dem Vermögen abzüglich des Eigenkapitals.

Jeder Geschäftsvorfall ändert die Bilanz. Um die Bilanz nicht jedes Mal ändern zu müssen, löst man die Bilanz in sogenannte Konten auf. Der Begriff Konto wird im Sinne von „Rechnung" verwendet. Änderungen im Hinblick auf Vermögen oder Kapital können dann in den entsprechenden Konten (Rechnungen) verbucht werden.

Letztlich dient die Auflösung in Konten der Übersichtlichkeit der Bilanz: Die würde schlicht unüberschaubar durch die Vielzahl von Geschäftsvorfällen. Einzelne Änderungen innerhalb der Bilanzpositionen können dadurch außerhalb der eigentlichen Bilanz innerhalb der Konten verbucht werden. Jede Bilanzposition erhält ein eigenes Konto.

Diese Konten werden nun idealerweise als sogenannte „T-Konten" geführt: Dabei stellt man erneut die Aktiva und Passiva gegenüber. In diesem Zusammenhang spricht man auch von passiven und aktiven Bestandskonten. Im Falle der Konten bezeichnet man die beiden Seiten jedoch als Soll (Aktiva) und Haben (Passiva).

Der Anfangsbestand wird auf der linken Seite (Aktivaseite) eingetragen: Mehrungen werden entsprechend links vermerkt. Die Minderungen werden auf der gegenüberliegenden rechten Seite vermerkt. Zum Ende des Abrechnungszeitraums bildet man die Differenz zwischen den beiden Kontenseiten. Diese Differenz nennt man Saldo. Er stellt den Endbestand dar. Der ermittelte Endbestand kann nun in die Bilanz eingetragen werden.

Die Bilanz, die zu Beginn einer Abrechnungsperiode erstellt wird, bezeichnet man auch als Eröffnungsbilanz; die Bilanz, die am Ende der Abrechnungsperiode erstellt wurde nennt man Schlussbilanz.

Kontenarten

Man operiert unternehmensintern nicht nur mit Bestandskonten; eine weitere Kontenart sind die Erfolgskonten. Wobei der Erfolg für die jeweils erwirtschaften Gewinne bzw. Verluste steht. Die Erfolgskonten können nochmals in Aufwands- und Ertragskonten unterteilt werden. Aufwendungen fallen an, wenn Güter oder Dienstleistungen verbraucht wurden. Erträge sind dementsprechend Vergrößerungen der Unternehmenssubstanz - hierunter fallen beispielsweise Verkaufserlöse.

Aufwendungen werden auf der Soll-Seite verbucht, während Erträge auf der Haben-Seite vermerkt werden. Zum Schluss der Abrechnungsperiode werden auch hier Salden gebildet, diese werden jedoch nicht auf dem Kapitalkonto verbucht. Stattdessen führt man ein „Zwischenkonto" ein: Die sogenannte „Gewinn- und Verlustrechnung". Diese nimmt die Salden aus den Aufwands- und Ertragskonten auf; der innerhalb der Gewinn-Verlustrechnung gebildete Saldo wird dann an das Eigenkapitalkonto weitergegeben.

Schwindelt es ihnen bereits? Im Prinzip ist es nicht so kompliziert, wie es sich anhört. Anstelle einer endlosen langen Rechnung führt man Einzelrechnungen durch - splittet sie also auf - um sie übersichtlicher verbuchen zu können. „Konten" ist hier letztlich ein Begriff für Einzelrechnungen.

Der Saldo der Gewinn- und Verlustrechnung stellt nun den Geschäftserfolg dar - dieser kann positiv oder negativ ausfallen, also Gewinn oder Verlust entsprechen.

Wurde ein Gewinn erzielt, so wird dieser auf dem Eigenkapitalkonto verbucht. Kapitalentnahmen, die dem Lebensunterhalt des Unternehmers dienen, sind erfolgsneutral - sie beeinflussen den Geschäftserfolg nicht wie Aufwand und Ertrag. Daher werden sie auf einem gesonderten Konto verbucht, dem Privatkonto. Nochmal: Konto ist hier natürlich nicht mit dem Bankkonto zu verwechseln, sondern als eine Rechnung zu verstehen.

Das Privatkonto weist nun ebenfalls Soll und Haben auf. Das Soll verbucht die Entnahmen, die Haben-Seite verbucht die Einlagen. Der hier ermittelte Saldo muss dann in das Kapitalkonto übertragen werden.

Es existieren jedoch nicht nur reine Bestands oder Erfolgskonten. Es gibt auch Mischformen. Bei dieser Kategorie spricht man schlicht - und unkreativ - von gemischten Konten. Diese Konten verzeichnen gleichartige Bestände, die zu unterschiedlichen Preisen eingekauft oder verkauft wurden. Ein Beispiel können Wertpapiere sein, die ja zu unterschiedlichen Kursen gehandelt werden.

Kontenbewegungen und Buchungssätze

Jeder Geschäftsvorfall berührt stets zwei Konten. Dabei wird jeweils ein Konto im Bereich Soll, das andere im Bereich Haben berührt. Veränderungen der Bilanz erfolgen stets in der gleichen Höhe, dabei bleibt die Bilanzgleichung bestehen.

Der sogenannte Buchungssatz bewirkt eine Vereinfachung des Kontenanrufs. Was hier etwas merkwürdig klingt, lässt sich leicht erklären: Der Buchungssatz gibt knapp und präzise an, welche Konten bei einem Geschäftsvorfall betroffen sind. Der Buchungssatz „Kasse an Bank 1,000 Euro" besagt dann: 1,000 Euro wurden vom Bankkonto abgehoben (die Kasse „ruft" also die Bank um 1,000 Euro an). Was auf den ersten Blick verwirrend wirkt, ergibt für den „eingeweihten" Leser sofort Sinn.

Auf diese Art sollen Missverständnisse vermieden werden - denn auch ein Außenstehender soll sofort Buchungen verstehen können - man benötigt also gewissermaßen eine „Lingua franca" im Buchungswesen. Gleichzeitig muss der Satz so knapp wie möglich sein. Der Satz dokumentiert auch die Tatsache, dass jede Buchung stets zwei Kontenseiten betrifft - beide werden im Satz genannt, sowohl die Sollseite als auch die Haben-Seite.

Grundsätze ordnungsgemäßer Buchführung

Apropos Verkehrssprache: Die Anforderung an die Buchführung, jederzeit auch von außenstehenden Fachkundigen erfasst werden zu können, setzt voraus, dass bestimmte Regeln eingehalten werden. Die sogenannten Grundsätze ordungsgemäßer Buchung - kurz GoB - verzeichnen diese Regelungen.

Der erste Anspruch, die formelle Ordnungsmäßigkeit, bezieht sich auf die Nachprüfbarkeit sowie Übersichtlichkeit der Bilanz. Klarheit ist also von zentraler Bedeutung.

Der zweite Grundsatz, die materielle Ordnungsmäßigkeit, umfasst die Vollständigkeit und Richtigkeit der Aussagen. Die Bilanz soll schließlich auch im Hinblick auf die Beurteilung durch potenzielle Geschäftspartner und Kunden nützlich sein. Alle Geschäftsvorfälle müssen daher verzeichnet werden; umgekehrt dürfen nicht geschehene Vorfälle auch nicht verzeichnet werden.

Grundsätze ordnungsgemäßer Inventur: Wie oben erläutert sollen hier die Maßstäbe Vollständigkeit sowie Richtigkeit sein. Zudem muss die Inventur wirtschaftlich, klar und nachprüfbar durchgeführt werden.

Die Organisation der Buchführung muss ordnungsgemäß gestaltet sein und kann eine Arbeitserleichterung darstellen.

Buchführung organisieren

Arten von Büchern

Man unterscheidet Grund, Haupt- und Nebenbücher. Im Grundbuch werden Eröffnungsbuchungen sowie die Abschlussbuchungen erfasst. Letztlich soll es ermöglichen, dass jeder Geschäftsvorfall bis zu einem Beleg zurückverfolgt werden kann. Ein Beispiel für ein Grundbuch ist das Kassenbuch. Im Gegensatz zum Grundbuch weist das Hauptbuch die Höhe der Einzelpositionen aus. Es verzeichnet die Buchungen nach sachlichen Gesichtspunkten.

Die Nebenbücher enthalten Erläuterungen zu den Hauptbüchern. Einzelnen Konten werden dann entsprechende Nebenbücher zugeordnet. Das wichtigste dieser Nebenbücher ist das Kontokorrentbuch: Es verzeichnet sämtliche Interaktionen mit Lieferanten und Kunden. Hier müssen Forderungen gegenüber dem Kunden und Verbindlichkeiten gegenüber Lieferanten jederzeit ablesbar sein.

Kontenrahmen

Bei so vielen Konten würde jegliche Übersicht verloren gehen, gäbe es nicht bestimmte Ordnungskriterien. Ein Organisationssystem bilden die Kontenrahmen. Man kann sie als Rahmenordnung verstehen, die in Form der unternehmensspezifischen Kontenpläne individualisiert wird.

Kontenrahmen sind hierarchisch aufgebaut. Ein Kontenrahmen umfasst jeweils 10 Kontenklassen; eine Kontenklasse umfasst 10 Kontengruppen; jede Kontengruppe kann wiederum in 10 Kontenarten untergliedert werden. Jetzt verstehen sie nur Bahnhof? Bei genauer Betrachtung wirkt alles sehr logisch und gut strukturiert. Man muss sich lediglich die Rahmenstruktur einprägen.

Kontenrahmen existieren in unterschiedlichen Varianten. Wichtig ist die hierarchische Strukturierung. Ob man 10 oder 9 Klassen angibt, ist letztlich nicht wichtig (und hängt von der Art des Unternehmens ab).

Buchung im Umlaufvermögen

Bei der Produktion von Gütern wird aus einem Rohmaterial ein Gut hergestellt. Ausgaben und Einnahmen, die aus dem Verkauf der Ware entstehen, sind hierbei nie identisch.

Beim Wareneinkauf handelt es sich zunächst nur um einen reinen Aktivatausch - hier wird also Geld gegen eine Ware getauscht; die Passivaseite wird nicht berührt. Diese Tatsachen müssen innerhalb der Buchführung berücksichtigt werden. Man muss dabei unterscheiden zwischen dem Bereich des Handels, innerhalb dessen die Ware unverändert bleibt, und dem industriellen Herstellungsprozess, bei dem ein neues Gut erzeugt wird.

Das Warenkonto

Auf dem Warenkonto müssen zunächst alle Warenzukäufe sowie Verkäufe vermerkt werden: Durch die Bildung der Differenz erhält man wiederum einen Saldo, der als Verkaufsüberschuss bezeichnet wird, und entsprechend in die Gewinn-und Verlustrechnung eingetragen wird. Aufgrund der Tatsache, dass das Warenkonto Bestände und Erträge verzeichnet, handelt es sich hier um ein gemischtes Konto.

Warengeschäfte lösen dieses Konto jedoch in zwei Unterkonten auf: Das Wareneinkaufskonto und das Warenverkaufskonto. Ersteres ist ein Bestandskonto, in dem Warenbestände und Abgänge zum Einkaufsreis erfasst werden. Das Warenverkaufskonto erfasst hingegen Warenverkäufe zum Verkaufspreis. Der Betrag wird auf dem Wareneinkaufskonto erfasst. Im Einzelhandel ist es üblich, Warenabflüsse nicht durch Verkaufsquittungen zu ermitteln, sondern innerhalb der Inventur.

Ein Hinweis: Stellt man bei der Inventur fest, dass der Warenabfluss weit über den hierbei zu erwartenden Erträgen liegt, ist das ein deutliches Indiz für nicht gewünschte Warenverluste zum Beispiel durch Diebstahl.

Durch die Gegenüberstellung von Warenaufwendungen und Warenerlösungen innerhalb der Gewinn- und Verlustrechnung erhält man einen Saldo, der unter Berücksichtigung der anderen Aufwände und Erträge den Gewinn ausweist.

Umsatzsteuerberücksichtigung

Normalerweise unterliegen Warenverkäufe der Umsatzsteuergesetzgebung (mit Ausnahme der Kleinunternehmen). Die Umsatzsteuer muss daher innerhalb der Buchführung berücksichtigt werden.

Die Umsatzsteuer wird auch als Mehrwertsteuer bezeichnet: Die Steuer entfällt also für die Produktion eines Mehrwertes. Die Umsatzsteuer wird durch den Käufer gezahlt und ist an das Finanzamt abzuführen. Dem Unternehmen fällt also letztlich eine Verwaltungs- und Feststellungsfunktion zu.

Die Gleichung für den erzeugten Mehrwert lautet: Der Mehrwert ist die Differenz aus Verkaufserlös abzüglich der Vorleistungen. Nur diese Differenz wird mit der Umsatzsteuer belegt. Der Steuersatz von 19 (bzw. 7)

Prozent wird auf den Mehrwert aufgeschlagen. Unternehmen sind dazu verpflichtet, auf jeder Rechnung die Umsatzsteuer auszuweisen. Das heißt, die Rechnung enthält einen Nettowarenwert und den Bruttobetrag einschließlich der Steuer.

Bezieht das Unternehmen Vorleistungen durch andere Unternehmen, muss das Unternehmen selbst Umsatzsteuer bezahlen. Diese kann bei der Steuer jedoch berücksichtigt und abgezogen werden. Man nennt daher die von einem Unternehmen entrichtete Mehrwertsteuer für die Vorleistung Vorsteuer.

Der Vorsteuerabzug errechnet sich wie folgt: Von der Mehrwertsteuer, die ein Unternehmen dem eigenen Kunden in Rechnung gestellt wird, wird die Mehrwertsteuer, die das Unternehmen an den Lieferanten gezahlt hat, abgezogen. So wird tatsächlich nur der erzeugte Mehrwert besteuert.

Werden diese Vorgänge gebucht, müssen stets Nettobeträge und der Umsatzsteuerbetrag getrennt ausgewiesen werden. Komplizierter wird es, wenn ein Unternehmen Produkte, die mit unterschiedlichen Mehrwertsteuersätzen belegt werden, verkauft. Die verschiedenen Steuersätze für die einzelnen Produktkategorien müssen dann getrennt in der Umsatzsteuervoranmeldung an das Finanzamt, wie auch in der Buchführung, ausgewiesen werden.

Wichtig ist, dass die Vorsteuer eine Verbindlichkeit gegenüber einem Lieferanten darstellt, aber zugleich eine Art „Guthaben" beim Finanzamt ist. Dieses Guthaben kann mit der eigenen Umsatzsteuerschuld verrechnet werden.

Das Bestandskonto erfasst daher die berechnete Mehrwertsteuer in Form einer Umsatzsteuerschuld gegenüber dem Finanzamt. Die Differenz zwischen Vorsteuer und Mehrwertsteuer stellt die Schuld gegenüber dem Finanzamt dar.

Man bezeichnet die Umsatzsteuer auch als durchlaufenden Posten. Letztlich wird sie nämlich nicht vom Unternehmen entrichtet, sondern vom Kunden. Das Unternehmen muss sie lediglich erfassen und an das Finanzamt weiterleiten.

Die Umsatzsteuerschuld muss gegenüber dem Finanzamt vorangemeldet werden, in der Regel bis zum 10. eines Monats für den jeweils vorhergehenden Monat. Hierbei sind die Umsätze voranmeldepflichtig, unabhängig davon, ob die Rechnungen durch den Kunden bereits beglichen wurden.

Fracht und Bezugskosten

Wirtschaftlich gehören Fracht-und Bezugskosten zwar zu dem Warenwert; verbucht werden sie jedoch innerhalb eines separaten Aufwandskontos. Dieses Konto kann dann mit einer Gewinn- und Verlustrechnung abgeschlossen werden und der ermittelte Betrag entsprechend in der Bilanz verbucht werden.

Skonto

Der Skonto ist ein Preisabzug, den man dem Käufer gewährt, wenn dieser vorzeitig bezahlt. Bei einem Zahlungsziel von vier Wochen muss de Käufer entsprechend nach vier Wochen die Rechnung begleichen. Man könnte nun aber einen bestimmten Prozentsatz Skonto einräumen, wenn der Kunde binnen 10 Tagen zahlt. Zu unterscheiden ist zwischen Lieferantenskonti, die vom Lieferanten gewährt werden, und Kundenskonti, die man dem Kunden gewährt.

Verbucht man ein Skonto, wird vorerst der volle Warenwert verbucht, das Skonto erfasst man in Form einer Minderung des Warenwertes. In diesem Zusammenhang muss ein Augenmerk auf die Vorsteuer gelegt werden, die sich durch die Minderung des Warenwertes entsprechend vermindert - und nachkalkuliert werden muss.

Rabatte und Boni

Unter Rabatten und Boni versteht man Preisnachlässe für den Kunden.

Unterschieden werden sie nur dadurch, dass der Rabatt bereits auf der Rechnung ausgewiesen wird, während er Bonus nachträglich gewährt wird.

Im Bezug auf den Rabatt ist es daher üblich, ihn netto zu buchen, d.h. der Warenwert wird unter Abzug des Rabattes gebucht. Boni hingegen werden stets brutto gebucht.

Der Preisnachlass wir später als Aufwand des Verkäufers gebucht. Auch hier muss die Vorsteuer entsprechend korrigiert werden, da sich der Erlös ja verringert hat.

Schwund und Diebstahl

Auch diese Vorgänge werden als Verbrauch verbucht, da es für die Buchführung zunächst nicht von Belang ist, auf welche Art Waren verzehrt wurden.

Hier ist es wichtig, einen durch die Inventur ermittelten Bestand mit dem Bestand am Ende der Buchungsperiode vergleichen zu können.

Ist der Schwund außergewöhnlich hoch, müssen entsprechend Maßnahmen ergriffen werden. Die Inventurdifferenz wird als Aufwand gebucht.

Privatentnahmen

Privatentnahmen können in Form von Geld oder Warenentnahme erfolgen. Jede Privatentnahme mindert das Eigenkapital.

Man bucht daher jede Privatentnahme auf einem Unterkonto des Eigenkapitalkontos: Dem Privatkonto.

Forderungen

Man kann Forderungen nach ihrer Fälligkeit gliedern oder aber nach ihrer Sicherheit.

Also bewertet man, mit wie hoher Wahrscheinlichkeit eine Forderung eingebracht werden kann. Man unterscheidet dann zwischen einwandfreien Forderungen, zweifelhaften Forderungen sowie uneinbringlichen Forderungen.

Ist es sehr wahrscheinlich, dass die Forderung vollständig beglichen wird, so handelt es sich um eine einwandfreie Forderung.

Im Falle der zweifelhaften Forderung ist der Zeitpunkt des Zahlungseinganges unsicher oder ein teilweiser Forderungsausfall denkbar.

Bei einer uneinbringlichen Forderung ist der Zahlungsausfall sicher.

Forderungen und ihre Einbringbarkeit müssen nun bei der Buchung berücksichtigt und entsprechend bewertet werden.

Bei einwandfreien Forderungen kann ein exakter Nennwert gegeben werden, bei zweifelhaften Forderungen wird ein wahrscheinlicher Wert angegeben, die uneinbringliche Forderung entspricht einer vollständigen Abschreibung.

Bei zweifelhaften Forderungen muss die Bilanz entsprechend um den wahrscheinlichen Fehlbetrag korrigiert werden: Der Verlust stellt dann eine Wertberichtigung dar, die als Aufwand verbucht wird.

Inhalte und Begriffe

Während oben beschriebene Geschäfts- und Finanzbuchführung die Aufgabe hat, alle Außenbeziehungen des Unternehmens zu erfassen, wird innerhalb der Betriebsbuchführung lediglich das interne Geschehen berücksichtigt.

Meist existiert die Betriebsbuchsführung als eigenständiges System neben der Geschäftsbuchführung. Die Geschäftsbuchführung übernimmt dann schlicht die Daten aus der Betriebsbuchführung: Die Konten liefern die entsprechenden Werte.

Anstelle des Begriffes „Betriebsbuchführung" verwendet man heute zumeist den Begriff Kostenrechnung. Die Kostenrechnung kann entscheidende Daten für die Bereiche Kontrolle und Planung aller unternehmerischen Maßnahmen liefern. Sie ist daher ebenso wichtig wie der Bereich der Finanzbuchhaltung.

Die Betriebsbuchführung beschäftigt sich mit der Kosten- und Leistungsrechnung, die sich wiederum in drei Teilbereiche aufgliedern lässt: Den Bereich der Kalkulation, der Betriebsabrechnung und der Ergebnisrechnung.

Betriebsabrechnung

Innerhalb der Betriebsabrechnung wird der gesamte Betrieb, einschließlich der Verwaltung, abgerechnet.

Es handelt sich dabei um eine sogenannte Zeitrechnung, die ausschließlich mit Kosten arbeitet.

Die Betriebsabrechnung kann nun wiederum in die Kostenartenrechnung und die Kostenstellenrechnung untergliedert werden. Organisatorisch werden beide Rechnungen mittels des Betriebsabrechnungsbogens erfasst werden.

Kalkulation

Die Kalkulation stellt eine Stückrechnung dar: Die Werte hierfür können aus der Betriebsabrechnung bezogen werden.

Diese Werte werden den erstellten Leistungen zugerechnet, man erhält dadurch die sogenannte Kostenträgerstückrechnung.

Ergebnisrechnung

Bei der Ergebnisrechnung handelt es sich um eine Zeitrechnung. Sie bezieht sowohl Kosten als auch Erträge mit ein.

Mithilfe der Ergebnisrechnung kann man kurzfristig den Geschäftserfolg ermitteln.

Kosten-und Leistungsrechnung

Definitorisch handelt es sich bei Kosten um den Verbrauch von Produktionsfaktoren, die für die Aufrechterhaltung des Betriebes und den Vertrieb von Produkten anfallen; Kosten bilden einen Teil der Aufwendungen, die betriebszweckbestimmt sind.

Unter Leistungen versteht man das Ergebnis betrieblicher Tätigkeit. Es handelt sich um Mengen oder Werte, die aus dem betrieblichen Kombinationsprozess hervorgehen. Gleiches gilt für Dienstleistungen.

Die Kosten- und Leistungsrechnung dient vor allem der Kontrolle des betrieblichen Geschehens, der Ermittlung des Erfolges und der Kalkulation; sie ist aber auch ein entscheidendes Hilfskriterium bei schwierigen Entscheidungsfindungsprozessen im Hinblick auf die Auswahl von Produkten, Sortimentsgestaltung, Auswahl des Fertigungsverfahrens und Investitionen.

Sie ermöglicht zum anderen die Ermittlung des Bedarfs an Material und Personal. Mit ihrer Hilfe können Betriebskennziffern ermittelt werden sowie Wirtschaftlichkeit und Rentabilität berechnet werden.

Die Kosten- und Leistungsrechnung sollte den oben beschriebenen Grundsätzen der Wirtschaftlichkeit, Vollständigkeit und Richtigkeit folgen: Keine Buchung darf ohne Beleg erfolgen.

Kostenartenrechnung

Voraussetzung für die Kostenartenrechnung ist die Systematisierung der Kostenarten. Um eine Kostenartenrechnung aufzustellen, geht man am besten in folgender Reihenfolge vor: Man sammelt alle Kostenarten, die im Betrieb vorkommen. Danach beschreibt und klassifiziert man die Kosten. Die Kosten werden anschließend gegliedert. Man überlegt, in welcher Form die Kosten kontiert werden müssen. Abschließend sollten Kontrollrichtlinien erstellt werden.

Eine sehr wichtige Kostenart ist die der Materialkosten. Diese kann man auf verschiedenen Arten ermitteln. Möglich ist die Ermittlung von Materialkosten mittels der Skontrahierung. Hierfür erfasst man zunächst den Anfangsbestand an Material; eventuelle Zu- oder Abgänge werden fortgeschrieben. Daraus lässt sich der Endbestand zu einem bestimmten Zeitpunkt ermitteln. Man kann die Skontrahierung mengen- oder wertmäßig durchführen.

Ein Unternehmen kann Materialkosten auch mittels der Inventur, die ja auch Auskunft über den Materialverbrauch gibt, ermitteln.

Eine weitere Option ist die retrograde Rechnung: Hierbei wird nach der Fertigstellung eines Produktes geschaut, wie hoch der Materialverbrauch pro Mengeinheit war. Anschließend wird der Materialverbrauch mit der Gesamtmenge des hergestellten Gutes multipliziert.

Eine weitere wichtige Kostenart sind die Lohnkosten. Als Hilfsmittel für die Erfassung dient der Lohnschein. Alle sonstigen Kosten werden anhand des Kassenbuches erfasst.

Kosten sollten stets nach einheitlichen Gesichtspunkten klassifiziert werden; diese Klassenbildung muss nachvollziehbar, eindeutig und homogen erfolgen.

Ganz besonders wichtig ist es, das Belegwesen so zu strukturieren, dass Kosten unmittelbar richtig klassifiziert werden.

Beispiel: Die Kostenstelle Bäckerei hat die Kostenstellennummer 20. Mehl entspricht der Kostenart 120. Wird also nun die Kostenstelle Bäckerei mit Mehl versorgt, enthält der Beleg die Nummer 20 120.

Alle potenziellen Kostenarten müssen also sofort eine entsprechende Nummerierung erhalten, damit keine Verwirrung oder Unklarheit entstehen kann.

Kostenstellenrechnung

Die Kostenartenrechnung stellt eine Vorbereitung der Kostenstellenrechnung dar. Die Kostenstellenrechnung wiederum bildet den Kern der Betriebsabrechnung. Sie ordnet den Kosten die Bereiche zu, in denen sie verursacht werden. Das ermöglicht nicht nur eine Kostenkontrolle, sondern auch eine exakte Zurechnung der Gemeinkosten (Strom, Wasser) auf die einzelnen Kostenträger. Kostenverursacherbereiche sind klassischerweise die Fertigung, Materialbereich, Verwaltung, Entwicklungsbereich und Vertrieb.

Es kann sinnvoll sein, diese Kostenverursachungsbereiche weiter aufzugliedern. Die Untereinheiten, die dabei entstehen, sind die Kostenstellen. Bei vielen ungleichen Arbeitsvorgängen entstehen entsprechend mehrere Kostenstellen. Um einen Überblick zu behalten, gliedert man sie nach Funktionen, Tätigkeiten oder Arbeitsplätzen.

Man unterscheidet Kostenstellen in Haupt- und Hilfskostenstellen. Im Falle der Bäckerei ist die Backstube eine Hauptkostenstelle. Das Auto, mit dem eine Warenlieferung gemacht wird, wäre in diesem Fall eine Hilfskostenstelle.

Die Kostenstellenrechnung kann buchhalterisch oder statistisch geführt werden, wobei die statistische Variante die gebräuchliche ist. Hilfsmittel hierfür ist der Betriebsabrechnungsbogen. Die Zahlen können aus der Buchhaltung entnommen werden. Die Kostenarten werden nun aber umgeformt; aus zahlreichen Einzelkostenarten werden Vertriebsgemeinkosten, Fertigungsgemeinkosten etc.

Manche Gemeinkostenarten können Kostenstellen unmittelbar zugeordnet werden, man spricht dann von Stelleneinzelkosten. Man kennt zum Beispiel die Lohnhöhe des Lehrlings in der hier vielzitierten Bäckerei und kann diese der Kostenstelle Backstube unmittelbar zuordnen.

In anderen Fällen gestaltet sich dies schwieriger. Die sogenannten Schlüsselkosten müssen mittels eines Schlüssels auf die Kostenstellen umgelegt werden. Dies gilt für Heizkosten ebenso wie das Gehalt der Geschäftsleitung. Als Schlüssel kann man nun Menge oder den Wert wählen. Als Mengenschlüssel können Flächen, Anschlussstellen, die Zahl der Heizkörper und ähnliches dienen. Als Wertschlüssel kommen Umsatz, Kapital und dergleichen in Frage.

Im Betriebsabrechnungsbogen werden nun die Kostenarten vertikal erfasst und horizontal angeordneten Kostenstellen zugewiesen.

Auch innerbetriebliche Eigenleistungen müssen im Betriebsabrechnungsbogen erfasst werden. Dabei handelt es sich um Leistungen, die zwar im Betrieb erbracht werden, jedoch nicht den Absatz von Produkten zugeordnet werden. Am besten ermittelt man die Herstellkosten dieser innerbetrieblichen Leistungen und rechnet sie dann den Kostenstellen, die entsprechende Leistung erhalten, zu.

Mittels der Kostenstellenrechnung kann man die Wirtschaftlichkeit der einzelnen Kostenstellen ermitteln. Hierfür nutzt man einen internen Vergleich und betrachtet die innerbetrieblichen Veränderungen der Kostenstellen (Haben sich Kosten erhöht? Sind Kosten gesunken?).

Bei der Interpretation ist jedoch Vorsicht geboten. Produziert eine Kostenstelle in Periode zwei höhere Kosten als in Periode eins, heißt dies nicht zwangsläufig, dass in Periode zwei unwirtschaftlicher gearbeitet wurde. Man muss genau betrachten, was zu den Kostensteigerungen führte (Lohnerhöhung, höhere Aufwendungen für Material etc.).

Internationale Rechnungslegung nach IFRS

Was ist der IFRS?

Der International Financial Reporting Standard soll Transparenz der Abschlüsse international erhöhen. Die Rechnungslegung sollte hierdurch harmonisiert werden und vergleichbar sein.

Verantwortlich hierfür ist eine Stiftung, die IASCF, International Stancards Committee Foundation.

Langfristig soll die IFRS international durchgesetzt werden, um eine Vergleichbarkeit gewährleisten zu können.

Innerhalb des Frameworks sind die Grundlagen der Rechnungslegung geregelt, es ist jedoch nicht verbindlich. Vielmehr gibt es Zielsetzungen im Hinblick auf qualitative Merkmale und Bewertungsansätze.

Die Standards enthalten Vorgaben zu Komponenten des Jahresabschlusses und im Hinblick auf formale Vorschriften.

In den Interpretations werden offene Fragen zur Anwendung erläutert und erklärt; sie haben eine ergänzende und klärende Funktion im Hinblick auf die Standards.

Aufgaben des IFRS-Systems

Das deutsche Handelsrecht ist stark durch den Gläubigerschutz und den Schutz des eigenen Unternehmens geprägt. Im Hinblick auf Übernahmen und Konkurrenz gibt es jedoch auch andere Gruppen und Personen, die Interesse an Informationen im Hinblick auf Unternehmen haben können. Diesem Wunsch nach Information soll der IFRS Rechnung tragen.

Hauptsächlich dient ein Jahresabschluss nach IFRS also Informations- und Dokumentationsaufgaben. Als Hauptadressaten kann man Investoren betrachten, die Risikokapital zur Verfügung stellen.

Als weitere Adressdaten können Arbeitnehmer, Gläubiger, Kunden, Institutionen, Regierungen und die Öffentlichkeit gelten.

Es sollen also konkrete Informationen bezüglich eines Entscheidungsprozesses im Hinblick auf Vermögens-und Vertragslage gegeben werden. Auch deren Entwicklung im Zeitverlauf soll dargestellt werden.

Dazu müssen die Informationen verlässlich, vergleichbar, verständlich und relevant sein.

Abschlussbestandteile

Ein vollständiger Abschluss soll nach den Standards umfassen: Detaillierte Aufstellungen und Informationen zur Finanzlage zu Beginn und Ende einer Periode, die Darstellung des Gesamterfolges, Darstellung der Eigenkapitalveränderungen, Auflistung der Zahlungsströme sowie einen Anhang, indem die Bilanzierungsmethoden und sonstige wichtige Angaben enthalten sind.

Im Gegensatz zum Handelsgesetzbuch kennt der IFRS keine Befreiungen von der Bilanzierungspflicht (in Deutschland erst ab einem gewissen Umsatz nötig).

Für kapitalmarkorientierte Unternehmen gilt seit 2005 die Pflicht, ihren Konzernabschluss nach den Regularien des IFRS aufzustellen. Auch für kleinere Unternehmen macht dies Sinn, wenn sie auf der Suche nach einer Finanzierung oder stillen Teilhaberschaft sind, und ggf. europäische Geldgeber ins Boot holen wollen.

Seit 2009 entsprechen die deutschen Rechnungslegungsvorschriften in weiten Teilen ohnehin denen des IFRS.

Besonderheiten der Buchführung in Österreich und der Schweiz

In Österreich regelt das Unternehmensgesetzbuch alle wesentlichen Vorschriften im Hinblick auf die Rechnungslegung und Buchführung.

Wie in Deutschland gilt für kapitalmarktorientierte Unternehmen auch in Österreich, ihre Bilanzen nach den IFRS Standards abzuschließen. Die Vorschriften zu Bilanzierung und Rechnungslegung in Deutschland und Österreich unterscheiden sich nur unwesentlich.

In der Schweiz gilt die Buchführungspflicht für alle Unternehmen, die in das Handelsregister eingetragen sind.

Wie in Deutschland gilt als Grundlage hierfür der kaufmännische Betrieb eines Gewerbes. Generell gibt es wenige konkrete Vorschriften zur Buchführung. Betriebsergebnisse müssen festgehalten und darüber hinaus sollen Vermögens- und Schuldverhältnisse dargestellt werden. Bilanz sowie Gewinn- und Verlustrechnung müssen jährlich nach den auch in Deutschland geltenden Maßstäben der Vollständigkeit und Klarheit aufgestellt werden. Die Rechnungslegung nach IFRS-Richtlinien ist möglich.

Schlussbetrachtung

Hoffentlich konnte Ihnen das Buch eine erste Einführung in dieses komplexe Thema bieten. Falls Sie von Kostenstellenrechnung, Gewinn- und Verlustrechnung und allen weiteren Begriffen noch etwas verwirrt sind, sollten Sie wissen: Bei längerer Beschäftigung mit dem Thema Buchführung werden Ihnen diese Begriffe in Fleisch und Blut übergehen. Was zunächst verwirrend erscheint, wird nach und nach klarer und verständlicher.

Wichtig ist, Begriffe wie Konten nicht nach der im Alltagsgebrauch üblichen Variante zu betrachten, sondern als Fachterminus. Kennen Sie erst einmal die Termini, ergibt sich das meiste wie von selbst. Nun müssen Sie nur mit stets der gleichen Systematik an Rechnungslegung und Buchführung herangehen.

Seien Sie sich dessen bewusst, dass Buchführung mit dem ersten Tag Ihrer Geschäftstätigkeit beginnt.

Besonders Kleinunternehmer haben Probleme, neben ihrer Tätigkeit im Betrieb die Buchführung kontinuierlich durchzuführen. Es führt aber zu katastrophalen Ergebnissen, wenn man erst zum Stichtag oder zum Termin der Umsatzsteueranmeldung Rechnungen zusammensucht.

Vom ersten Tag an sollten Sie eine sinnvolle Systematik einführen: Hierzu gehört ein funktionierendes Rechnungswesen ebenso wie die Auswahl des korrekten EDV-Programms.

Auf diese Art erhalten Sie stets genauen Überblick über Ihren Geschäftserfolg und alle relevanten

Geschäftsvorfälle. Das schützt Sie auch vor juristischen Konsequenzen: Denn Insolvenzen müssen rechtzeitig angemeldet werden; hat ein Unternehmer keinen Überblick über seine Liquidität und bemerkt seine Zahlungsunfähigkeit nicht, kann er rasch unter den Verdacht der Insolvenzverschleppung geraten.

Umgekehrt ermöglicht eine exakte Buchführung und Rechnungslegung Ihnen jederzeit, Ansprüche gegenüber Kunden und Lieferanten juristisch geltend zu machen. Sie ist also in jedem Fall in Ihrem Sinne.

Halten Sie sich also an die oben genannten Grundsätze: Denn eine gute Buchführung ist nicht überflüssig, sondern Voraussetzung für Ihren Geschäftserfolg.

Printed in Germany
by Amazon Distribution
GmbH, Leipzig

27045903R10027